Mama

mama

Papa

papa

Junge

jongen

Mädchen

meisje

1

eins

een

2

zwei

twee

3

drei

drie

4

vier

vier

5

fünf

vijf

6

sechs

zes

7

sieben

zeven

8

acht

acht

neun

negen

zehn

tien

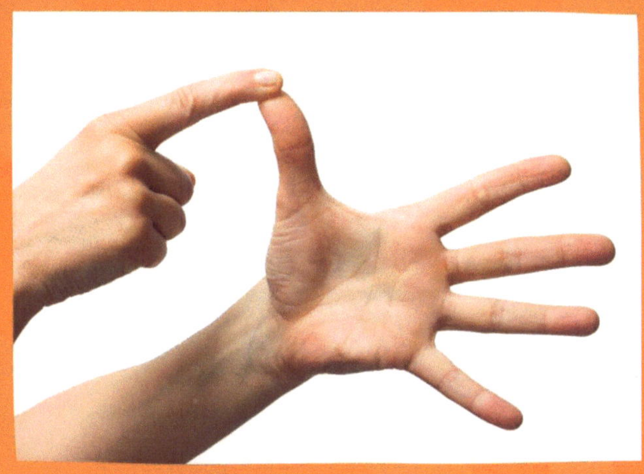

zählen

tellen

schreiben

schrijven

zeichnen

tekenen

malen

schilderen

Kreis
cirkel

Quadrat
vierkant

Rechteck
rechthoek

Dreieck
driehoek

Stern

ster

schwarz

zwart

weiß

wit

braun

bruin

rot

rood

blau

blauw

gelb

geel

grün

groen

lila

paars

grau

grijs

orange

oranje

rosa

roze

Apfel

appel

Banane

banaan

Ananas

ananas

Wassermelone

watermeloen

Birne

peer

Weintrauben

druiven

Mango

mango

Pfirsich

perzik

Erdbeere

aardbei

Kirsche

kers

Orange

sinaasappel

Kokosnuss

kokosnoot

Zitrone

citroen

Pilz

paddenstoel

Mais

maïs

Tomate

tomaat

Kürbis

pompoen

Gurke

komkommer

Karotte

wortel

Kartoffel

aardappel

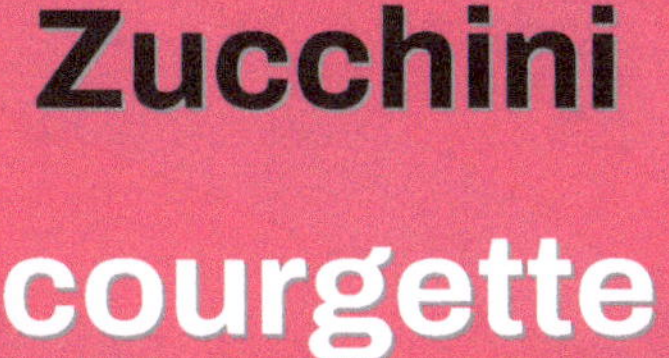

Zucchini

courgette

Spinat

spinazie

Blumenkohl

bloemkool

Ei

ei

Teller

bord

Löffel

lepel

Messer

mes

Gabel

vork

Kuchen

taart

Babyflasche

babyflesje

Süßigkeiten

snoepjes

Käse

kaas

trinken

drinken

essen

eten

heiß

heet

kalt

koud

klein **groß**

klein **groot**

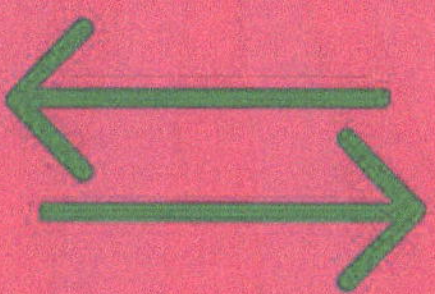

kurz **lang**

kort **lang**

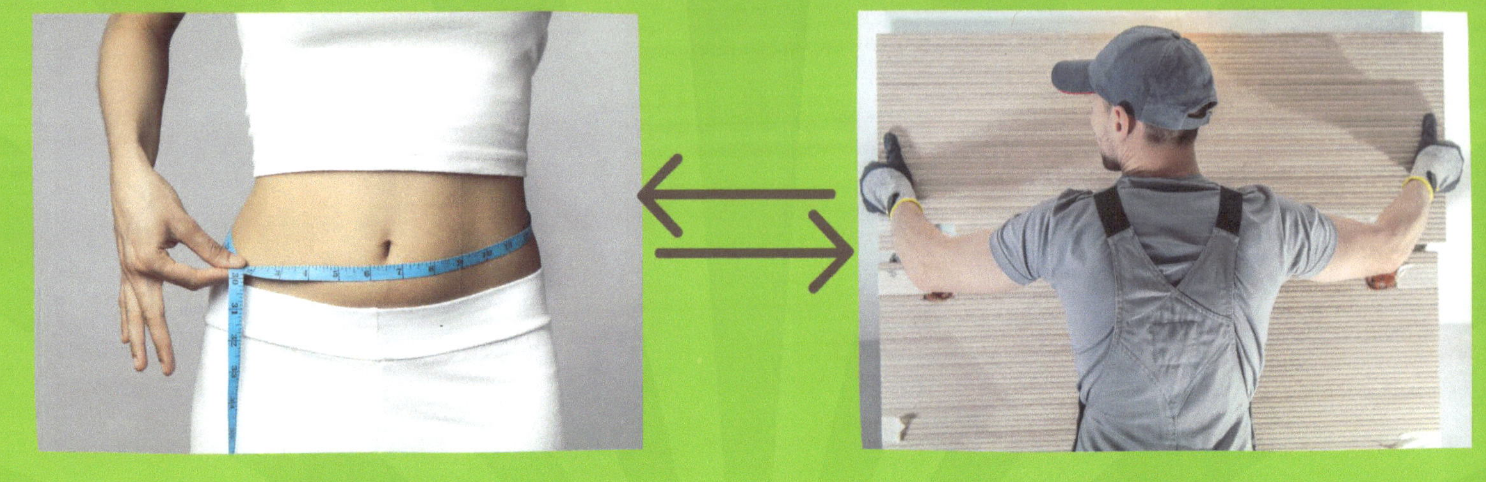

dünn **groß**

dun groot

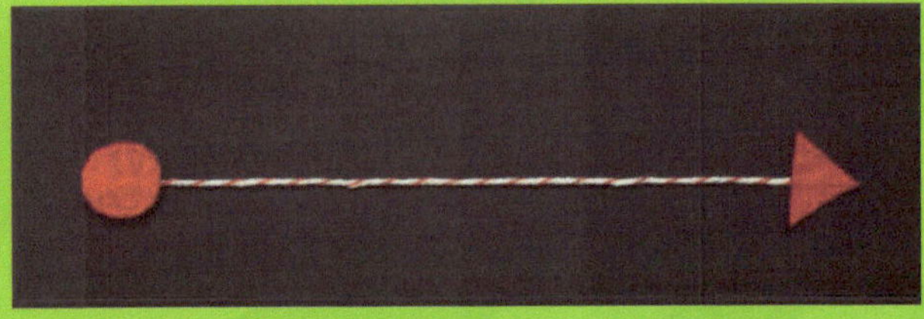

leicht **schwierig**

makkelijk moeilijk

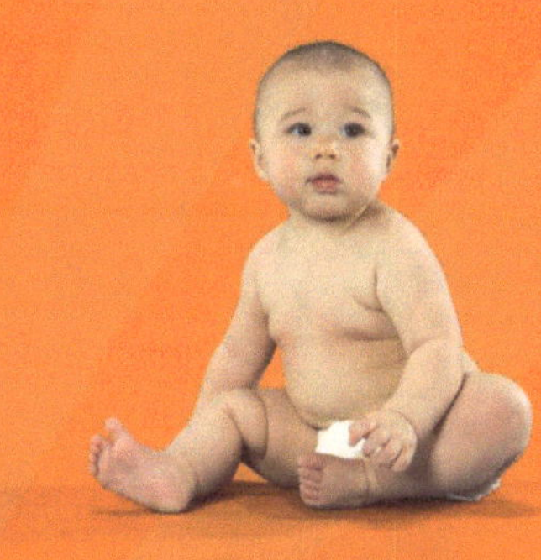

aufstehen

opstaan

hinsetzen

zitten

süß

zoet

salzig

zout

schwer **zwaar**

leicht **licht**

in **erin**

aus **eruit**

dreckig

vies

sauber

schoon

schließen

dicht

öffnen

open

Bleistifte

potloden

Uhr

klok

Schlüssel

sleutel

Buch

boek

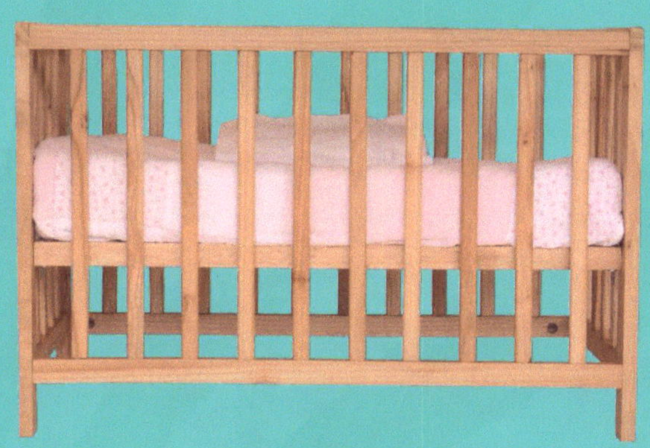

Bett

bed

Krippe

wieg

Tisch

tafel

Stuhl

stoel

Auto

auto

Fahrrad

fiets

Flugzeug

vliegtuig

Boot

boot

Zug

trein

Hubschrauber

helikopter

Feuerwehrauto

brandweerwagen

Feuerwehrmann

brandweerman

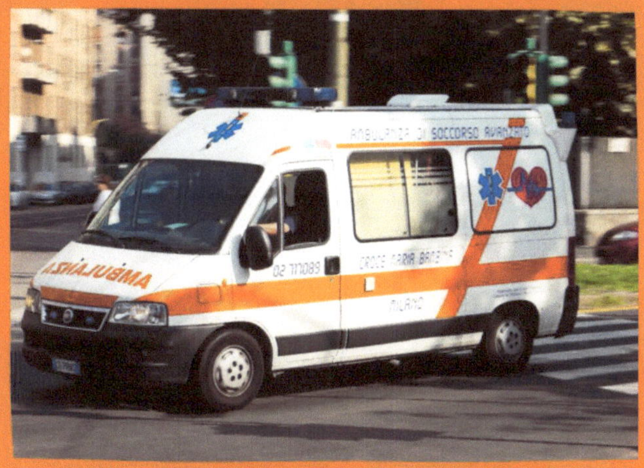

Krankenwagen

ambulance

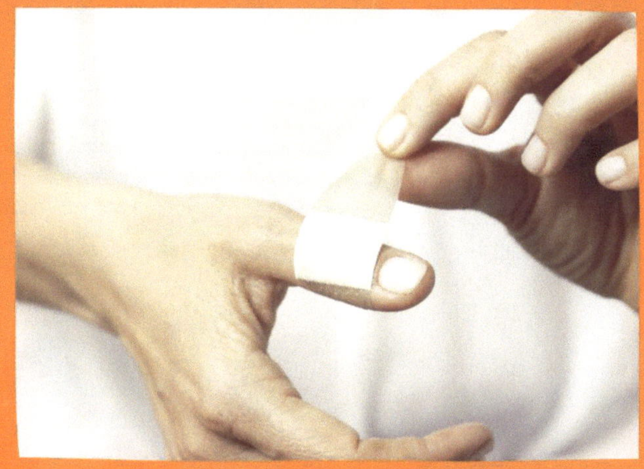

Verband

verband

Rettungssanitäter

paramedicus

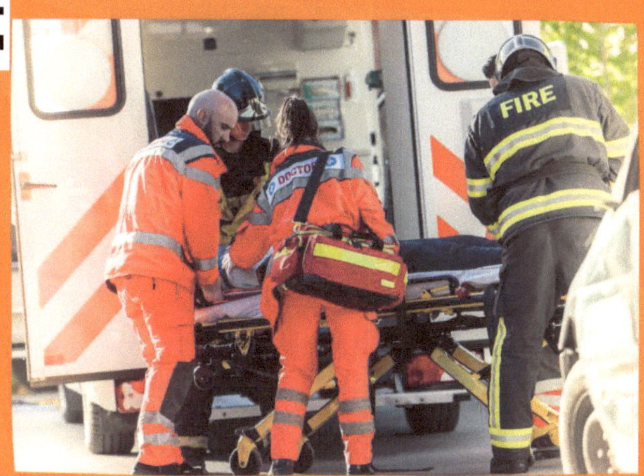

Rettungsteam

reddingsteam

Wald

bos

Berg

berg

Gras

gras

Sand

zand

Baum
boom

Blume
bloem

Schmetterling
vlinder

Ameise
mier

Katze

kat

Hund

hond

Pferd

paard

Maus

muis

Kuh

koe

Schwein

varken

Schaf

schaap

Ente

eend

Gans

gans

Hase

konijn

Fisch

vis

Tierärztin

dierenarts

Doktor

dokter

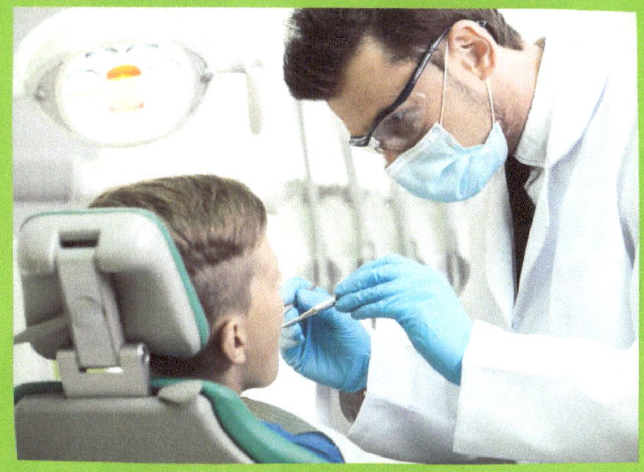

Zahnarzt

tandarts

Apotheker

apotheker

Krankenschwester

verpleegster

Kopf

hoofd

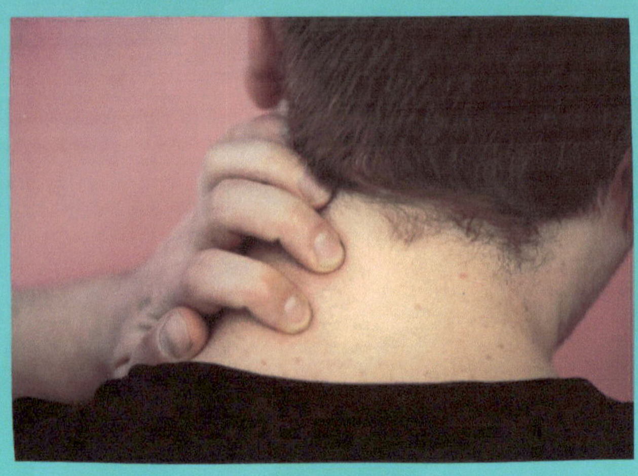

Hals

nek

Fuß

voet

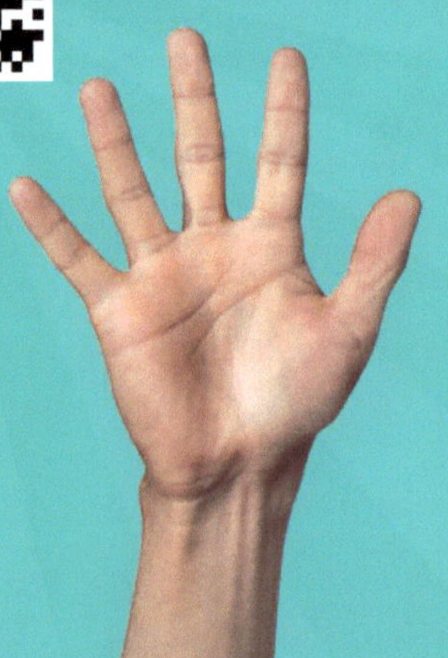

Hand

hand

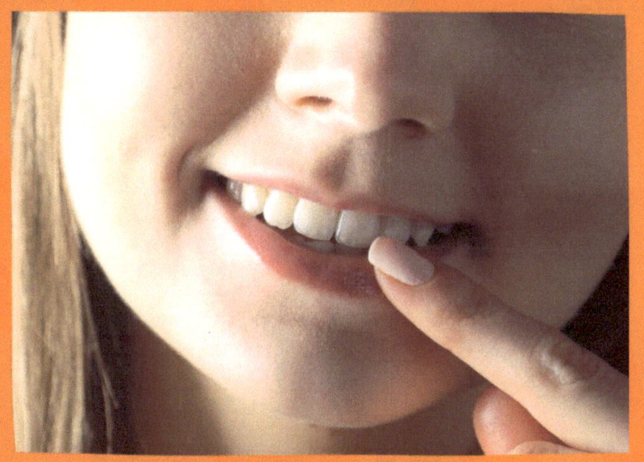

Zähne

tanden

Auge

oog

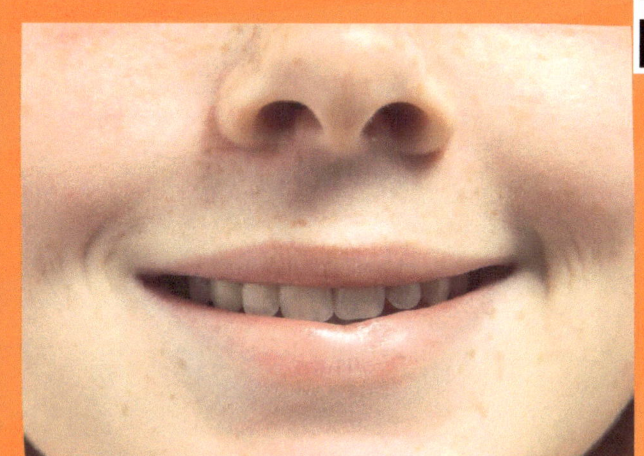

Mund

mond

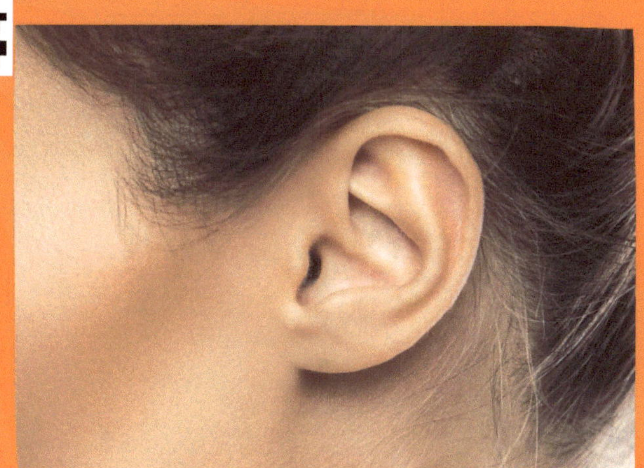

Ohr

oor

Hut

hoed

Kleid

jurk

Hose

broek

Schuhe

schoenen

Mantel

jas

Schal

sjaal

Regenschirm

paraplu

Brille

bril

Sonne

zon

wolkig

bewolkt

regnerisch

regenachtig

Mond

maan

www.ingramcontent.com/pod-product-compliance
Lightning Source LLC
LaVergne TN
LVHW071208160826
845679LV00003B/774

* 9 7 9 1 0 4 1 7 0 5 3 4 4 *